BEI GRIN MACHT SICH IHR WISSEN BEZAHLT

AF168056

- Wir veröffentlichen Ihre Hausarbeit,
  Bachelor- und Masterarbeit

- Ihr eigenes eBook und Buch -
  weltweit in allen wichtigen Shops

- Verdienen Sie an jedem Verkauf

Jetzt bei www.GRIN.com hochladen
und kostenlos publizieren

Bibliografische Information der Deutschen Nationalbibliothek:

Die Deutsche Bibliothek verzeichnet diese Publikation in der Deutschen National-bibliografie; detaillierte bibliografische Daten sind im Internet über http://dnb.d-nb.de/ abrufbar.

Impressum:

Copyright © 2020 GRIN Verlag
Druck und Bindung: Books on Demand GmbH, Norderstedt Germany
ISBN: 9783346229649

Dieses Buch bei GRIN:

https://www.grin.com/document/594942

Tuğba Durmaz

Mobbing als verbale Gewalt unter Schülerinnen und Schülern. Eine Herausforderung für die Präventionsarbeit an beruflichen Schulen

GRIN Verlag

I. Inhaltsverzeichnis

1. Einleitung

„Ich fürchtete mich vor dem Tag beim Aufstehen.
Ich fürchtete mich vor dem nächsten Tag schon am späten Abend.
Ich wünschte mir immer wieder, nicht mehr zu leben. Nicht mehr leben zu müssen.
Wünschte sehnlich, dass mein Leben nicht existierte: diese Hölle von »Leben«"
(Widmann, 2007, S. 1198, Hervorhebung im Original).

Für Widmann (2007) gehören diese Gedanken zwar der Vergangenheit an, aber für viele Kinder und Jugendliche sind sie in diesem Moment gegenwärtig und gehören zu ihrem Alltag. Sie sind das Resultat von Mobbing unter SchülerInnen, einer Form der Gewalt, deren Instrument zumeist die Sprache ist. SchülerInnen, die Opfer von Mobbing und damit das Ziel der systematischen Schikanen ihrer MitschülerInnen sind, werden durch Worte in ihrem Selbstwert verletzt und können psychische Störungen wie Depressionen entwickeln (vgl. Mehl, 2020, S. 116). Auch Schulabsentismus und der damit einhergehende schulische Leistungsabfall sowie ein sozialer Rückzug und Suizidgedanken/-handlungen sind nicht selten eine Konsequenz von Mobbing (vgl. ebd., S. 118f.). Umso erschreckender sind die Erkenntnisse der aktuellen PISA-Studie, die belegen, dass fast jeder zehnte 15-Jährige in Deutschland beklagt, im schulischen Umfeld regelmäßig Ziel von Spott und Lästereien zu sein (vgl. Schubarth, 2019, S. 2). Dies geschieht meist durch die Verbreitung von Unwahrheiten und Gerüchten sowie mit Schimpfwörtern (vgl. Mögling, Tillmann & Wisniewski, 2018, S. 16). Insbesondere Jugendliche und junge Erwachsene zählen zu den Opfern von Mobbing. In beruflichen Schulen etwa sind neben allgemeinen Schwierigkeiten im Unterricht, Problemen im Elternhaus und Drogenkonsum vermehrt aggressive Verhaltensauffälligkeiten in Form von Mobbing zu beobachten (vgl. ebd.). Dabei ist Mobbing insbesondere durch eine aggressive und gewalttätige Sprache gekennzeichnet. LehrerInnen beobachten vermehrt, dass „die verbale Gewalt […] schon morgens auf dem Weg zur Schule, im Bus oder auf dem Schulhof [anfängt] und […] sich durch den ganzen Tag [zieht]" (Schlobinski & Tewes, 2007, S. 9). Doch wie kann Sprache Gewalt nicht nur androhen oder beschreiben, sondern sie auch unter SchülerInnen selbst ausüben, wenn doch keine sichtbaren Wunden hinterlassen werden? Wie sich das Phänomen Mobbing als verbale Gewalt äußert, ist daher Untersuchungsgegenstand der vorliegenden Hausarbeit. Dabei soll auch ein näherer Blick auf den „Tatort Schule" geworfen werden, indem Ansätze zur Prävention von Mobbing an beruflichen Schulen durchleuchtet werden. Konkret geht die vorliegende Hausarbeit daher auf folgende Forschungsfragen ein:

F1: Wie und warum kommt es im Kontext von Schule zu Mobbing als verbaler Gewalt?

F2: Wie und durch welche pädagogischen Mittel kann dem Phänomen Mobbing an beruflichen Schulen entgegengewirkt werden?

Hierfür wird in Kapitel zwei zunächst dargestellt, was unter verbaler Gewalt im Allgemeinen zu verstehen ist, wie sich die körperliche Gewalt von der verbalen Gewalt unterscheidet, welche Handlungsmacht Sprache innewohnt und welche Formen die verbale Gewalt konkret annehmen kann. Darauf aufbauend wird in Kapitel drei näher auf das Phänomen Mobbing eingegangen, indem der mit Mobbing einhergehende Ausgrenzungsprozess beleuchtet wird. Im weiteren Verlauf der Arbeit erfolgt in Kapitel vier eine Darstellung der aktuellen Präventionsmaßnahmen an beruflichen Schulen. Daran anschließend wird in Kapitel fünf eine Möglichkeit der Einbindung der Thematik in den Deutschunterricht aufgezeigt. Schließlich dient das Fazit dazu, die gewonnenen Erkenntnisse aus der vorliegenden Hausarbeit zu resümieren und einen Ausblick in die Zukunft zu geben.

2. Sprache als Gewalt

„Worte können nicht nur etwas tun, sondern auch etwas antun"
(Herrmann & Kuch, 2007, S. 7).

Sprache ermöglicht nicht nur die Beschreibung, Ankündigung oder Androhung von Gewalt, vielmehr können sprachliche Äußerungen selbst eine Form der Gewaltausübung sein. Und dies ist möglich, obwohl Sprache und Gewalt als polare Gegensätze betrachtet werden können, da Sprache auch zur Gewaltverhinderung eingesetzt werden kann (vgl. Krämer, 2007, S. 34). Der Ansatz Gewalt durch Sprache sieht Gewalt nicht intrinsisch mit der Sprache verbunden, sondern als eine Form des Handelns mit der Sprache. Demnach wird Gewalt in der Sprache dadurch vollzogen, dass wir mit Worten etwas tun (vgl. Herrmann & Kuch, 2007, S. 17). Was wir im Konkreten tun, kann auf metasprachlicher Ebene mit den Verben diskriminieren, kränken, beschimpfen, beleidigen, verfluchen, diskreditieren etc. beschrieben werden. Diese Verben suggerieren, dass Sprache neben einem Kommunikationsmittel der Verständigung und des Verstehens auch zu einem Instrument der Gewalt werden kann (vgl. Schlobinski & Tewes, 2007, S. 2). Da Worte als „das wesentliche Handwerkszeug der Seelenbehandlung" (Freud, 1972, S. 289 zitiert nach Kopperschmidt, 1998, S. 13) gelten, ist Sprache mehr als nur eine Aneinanderreihung von Worten oder ein Mittel, um sachliche Aussagen über die Welt zu machen. Sie besitzt die Fähigkeit, Handlungen zu vollziehen und andere zu verletzen, zu demütigen und zu beleidigen. Dabei ist hervorzuheben, dass einer einzelnen Äußerung ihre verletzende Kraft zumeist nicht abzulesen ist. Vielmehr ist die Pragmatik einer Äußerung ausschlaggebend dafür, ob sie eine verletzende Kraft hat. So ist es von großer Bedeutung, wer was zu wem unter welchen Umständen wie sagt (vgl. Krämer, 2007, S. 35). Dabei wird die Wirkung verbaler Gewalt der Wirkung körperlicher Gewalt gleichgesetzt, denn Menschen, die Opfer von verbaler Gewalt sind, bewerten zugefügten körperlichen Schmerz ähnlich wie die Wirkung verletzender Worte (vgl. Kessler & Strohmeier, 2009, S. 62). Aber warum scheinen Worte die Fähigkeit zu haben, Menschen zu verletzen, wenn es doch „nur" Worte sind? Auf diese Frage soll im weiteren Verlauf dieses Kapitels eingegangen werden, um daran anschließend aufzuzeigen, welche Formen die verbale Gewalt annehmen kann.

2.1 Unterscheidung zwischen körperlicher und verbaler Gewalt

In der schulbezogenen Gewaltforschung wird unter Gewalt die Anwendung von physischen und/oder psychischen Mittel verstanden, um einer Person oder einer Sache einen zielgerichteten Schaden zuzufügen und die eigenen Interessen durchzusetzen (vgl. Markert, 2017, S. 296). Der Gewaltbegriff geht dabei von den lateinischen Termini violentia und potestas aus. Dabei verdeutlichen beide Termini, wie die körperliche Gewalt von der verbalen zu unterscheiden ist. Wohingegen violentia als verletzende Gewalt durch die Kraft und Stärke definiert wird, wird potestas als verfügende Gewalt verstanden, welche sich an dem Vermögen und Können, etwas geschehen zu lassen, messen lässt und somit als eine Form der Gewalt als Macht zu verstehen ist. Bei der Betrachtung der Ausübung beider Gewaltformen lässt sich dieser Umstand besser verdeutlichen. Denn das Zufügen von körperlicher Gewalt erfordert ausschließlich violentia, aber Menschen, die verbale Gewalt ausüben, müssen stets über potestas verfügen, um violentia anzuwenden (vgl. Kuch & Herrmann, 2007, S. 196f.). Somit lassen sich bei der verbalen Gewalt insbesondere Bedeutungsüberschneidungen mit den Begriffen Macht und Herrschaft erkennen (vgl. Koch, 2010, S. 11). Die Verletzbarkeit durch Sprache sieht Krämer (2007, S. 36f.) im Zusammenhang von Personalität und Sprachlichkeit. Demnach verfügen Menschen neben einem physisch-leiblichen Körper auch über einen sozial-symbolischen Körper. Wenn verbale Gewalt vollzogen wird, geht damit eine Veränderung der physischen oder sozialen Position einer Person einher, welche die Identität im Sinne einer Positionierung im sozialen Raum bedroht und somit die Fähigkeit besitzt, eine Person an einen randständigen sozialen Ort zu verweisen. Dabei ist hervorzuheben, dass jede körperliche Gewalthandlung auch stets sprachliche oder symbolische Dimensionen beinhaltet. So besitzt bspw. eine Ohrfeige als körperliche Gewalthandlung auch stets einen hohen symbolischen Gehalt der Demütigung (vgl. Krämer, 2007, S. 33). Dabei ist körperliche Gewalt allerdings oft laut und unübersehbar, wohingegen die verbale Gewalt unsichtbar und demnach auch schwer zu erkennen ist (vgl. Herrmann & Kuch, 2007, S. 7).

Zusammenfassend kann festgehalten werden, dass die Wirkung verbaler Gewalt zwar mit körperbezogenen Metaphern wie verletzen oder verwunden beschrieben wird und insofern die Beeinflussung des körperlichen Wohlbefindens greifbar wird, aber dennoch beide Gewaltformen voneinander zu trennen sind. Denn Sprache bezieht nicht erst aus der Verbindung mit der körperlichen Gewalt ihre Fähigkeit zu verwunden. Vielmehr verfügt sie über die Fähigkeit, soziale Bedeutung zu erzeugen, sodass sie selbst gewalthaft ist, insbesondere durch Sprechakte, die andere deformieren (vgl. Schlobinski & Tewes, 2007, S. 2f.). Warum wir aber mit bloßen Äußerungen soziale Tatsachen schaffen, soll im Folgenden näher beleuchtet werden.

2.2 Sprache und ihre Handlungsmacht

Dass Sprache über die Fähigkeit besitzt, soziale Bedeutung zu erzeugen, ist auf ihre Fähigkeit der performativen Kraft zurückzuführen. Nach John L. Austin (1979), dem Begründer der Sprechakttheorie, gibt es neben konstativen auch performative Äußerungen. Während konstative Äußerungen dazu dienen, Feststellungen zu machen oder etwas zu beschreiben, entziehen sich performative Äußerungen der Beurteilung des Wahrheitsgehaltes einer Aussage (vgl. Cicek, Heinemann & Mecheril, o.J, S. 6). Um dies zu verdeutlichen, führt Austin (1979, S. 28f.) folgende Beispiele in seiner Vorlesung „How to do things with words" an:

- „Ich taufe dieses Schiff auf den Namen ‚Queen Elizabeth'."
- „Ich vermache meine Uhr meinem Bruder."

Mit diesen Äußerungen wird kein Sachverhalt beschrieben und sie können weder als wahr oder falsch deklariert werden. Vielmehr vollziehen diese Äußerungen eine Handlung. Performative Äußerungen können sowohl gelingen als auch misslingen. Für die o.e. Äußerungen kann von einem Misslingen gesprochen werden, wenn der Sprechende nicht autorisiert ist, das Schiff zu taufen oder die Uhr zu vererben (vgl. Austin, 1979, S. 36). Aber auch eine unaufrichtig vorgetragene Äußerung kann missglücken, wenn bspw. ein Versprechen gegeben wird, ohne die Absicht zu haben, das Versprechen auch einzuhalten. Darüber hinaus werden die funktionalen Bestandteile der Sprechakte in den lokutionären, den illokutionären und in den perlokutionären Akt unterschieden. Die lokutionäre Ebene des Sprechaktes beinhaltet die sprachliche Seite der Äußerung und kann in einen phonetischen, einen phatischen und einen rhetischen Akt gegliedert werden. Auf der illokutionären Ebene des Sprechaktes wird die Art der Handlung festgelegt, mit der die Äußerung vollzogen wird. Das Zusammenwirken dieser beiden Akte enthält den Aspekt des perlokutionären Aktes. An dieser Stelle ergeben sich zwangsläufig Wirkungen auf die beteiligten Personen, welche auch unabhängig von der Intention der sprechenden Person sein können (vgl. Cicek, Heinemann & Mecheril, o.J., S. 7). Demnach ist Sprache offen für verschiedene Verwendungen, sodass wir nicht nur über die Welt sprechen, sondern auch in sie eingreifen und eine Beziehung zu den Angesprochenen aufnehmen und eingehen (vgl. Krämer, 2007, S. 32). Dabei darf aber nicht vergessen werden, dass Sprache in ihren Wirkungen auf die beteiligten Personen sowohl sehr positiv und wohltuend als auch sehr negativ und gewalttätig sein kann und sich in verschiedenen Formen verbaler Gewalt äußern kann.

2.3 Formen verbaler Gewalt

Verbale Gewalt tritt in verschiedenen Formen u.a. als Beschimpfung, Beleidigung, Herabsetzung, Diffamierung, Drohung, Bloßstellung und Fluch auf (vgl. Schlobinski & Tewes, 2007, S. 2f). In diesen Formen tritt sie auch beim Mobbing auf (vgl. Hermann & Kuch, 2007, S. 17). All diese Formen der Gewalthandlungen können einen anderen Menschen ausgrenzen und ihn diskriminieren (vgl. Schlobinski & Tewes, 2007, S. 3). Die soziale Diskriminierung äußert sich insofern, als dass „Mitglieder einer Mehrheitsgruppe beispielsweise versuchen, engen oder persönlichen Kontakt mit den Mitgliedern einer Minderheitsgruppe zu vermeiden, [...] sich weigern, direkt mit ihnen zu kommunizieren oder – falls direkter Kontakt unvermeidbar ist – [...] ihnen gleiches Ansehen und gleichberechtigte Teilhabe an Kommunikation vorenthalten" (Graumann & Wintermantel, 2007, S. 142). Im Folgenden sollen die Sprechakte Diskriminieren und Beschimpfen näher beleuchtet werden.

Sprechakt Diskriminieren

Bei der sozialen Diskriminierung und den entsprechenden Sprechweisen lassen sich unterschiedliche Formen feststellen, die es ermöglichen, Menschen zu diskriminieren. So skizzieren Graumann und Wintermantel (2007, S. 143-159) die Formen sozialer Diskriminierung in der Sprache im Trennen, Distanzieren, Akzentuieren, Abwerten und Festschreiben von Mitgliedern der Outgroup durch die Mitglieder der Ingroup. Dabei versteht sich das **Trennen** als grundlegender Vorgang, bei dem die Ingroup und die Outgroup durch Unterscheidung sowie Kategorisierung oder Klassifizierung voneinander getrennt werden. Mittels unterschiedlicher Benennungen und semantischer Kategorisierung wie „Wir / Sie" und „Schwarzer Fahrer verursacht schweren Verkehrsunfall" wird die Diskriminierung sprachlich realisiert. Bei der **Distanzierung** wird ein semantischer oder sozialer Abstand geschaffen, um eine sichtbare Ordnung herzustellen. Die Funktion des Diskriminierens als **Akzentuieren** besteht darin, Unterschiede statt Gemeinsamkeiten zu betonen, um eine Akzentuierung der Unterschiede zwischen den betreffenden Kategorien herbeizuführen. Des Weiteren geht mit der sozialen Diskriminierung die **Abwertung** der Outgroup einher, so dass der

Wert der Ingroup und der eigenen sozialen Identität gesteigert werden kann, indem abwertende Bezeichnungen wie „Neger" oder „Itaker" verwendet werden. Bei der Diskriminierung als **Festschreibung** werden einem Mitglied der Outgroup entweder typische Eigenschaften zugeschrieben oder sie werden einem Stereotyp zugeordnet, indem eine generische Kategorisierung mit Substantiven wie „Schwuchtel" oder „Frau am Steuer" erfolgt.

Sprechakt Beschimpfen

Während sich das Schimpfen als monologische Sprechhandlung nicht gegen einen speziellen Rezipienten richtet und lediglich zur Emotionsentladung des Senders dient, bekommt der Rezipient beim Beschimpfen bewusst ein negatives Wort zu hören, damit er beleidigt oder gekränkt wird (vgl. Kiener, 1983, S. 129ff.). Somit können die Begriffe Beschimpfen und Beleidigen gleichgesetzt werden. Die meisten Beleidigungen, bspw. Schimpfwörter, beziehen sich auf konventionalisierte Mittel, welche kultur- und sprachspezifisch sind. Im deutschen Sprachgebrauch werden Schimpfworte aus dem Fäkalbereich oder der niederen Tiere bevorzugt (vgl. König & Stathi, 2010, S. 53). Der Sprechakt Beschimpfen kann nur metasprachlich verstanden werden (vgl. Krämer, 2007, S. 35). Für gewöhnlich wird eine Sprechhandlung mit dem Wort verbalisiert und gleichzeitig vollstreckt, welches die Handlung explizit beschreibt. So kann eine intendierte Handlung des Sprechers bspw. mit dem Satz „Hiermit warne ich dich" festgestellt werden, aber bei Beschimpfungen ist dies nicht möglich. Zwar kann man eine Person beleidigen, indem man etwas sagt, aber die Formel „Hiermit beleidige ich Sie" kennen wir nicht. Austin (1979) zeigt in seiner Sprechakttheorie den perlokutionären Effekt und stellt fest, dass „beleidigen" zwar ein Sprechhandlungsverb ist, aber keinen performativen Gebrauch zulässt. Der intendierte gewaltvolle Sprechakt, also die Beschimpfung, glückt nur, wenn der Adressat die Beschimpfung entsprechend als Beleidigung aufnimmt (vgl. Hundsnurscher, 1997, S. 372). Dafür muss der Sprecher Kenntnis über die Person haben, die er beleidigt, und wissen, womit er den größten Schmerz bereiten kann, um das Ziel der Beschimpfung zu erreichen. Das Ziel der Beschimpfung ist es, das Selbstwertgefühl des Adressaten zu beeinträchtigen (vgl. Hundsnurscher, 1997, S. 372). Nach Hundsnurscher (1997, S. 372f.) lassen sich folgende Bezugskategorien des Selbstwertgefühls zu folgenden Angriffspunkten skizzieren:

- „Körperliche Verfassung: du Krüppel, du Dickwanst"
- „Aussehen: du Vogelscheuche, du Froschmaul"
- „Charaktereigenschaften: du Feigling, du Schurke"
- „Verhaltensweisen: du Wichtigtuer, du Affe"
- „Handlungskompetenz du Nichtskönner, du Stümper".

3. Mobbing als Ausgrenzungsprozess

„Ich aber war von nun an von all dem ausgeschlossen.
Ich war jetzt nur noch »der Doofe«, der nichts zu sagen hat,
der nicht mitmachen und nicht mitreden darf. Ein Minderwertiger,
dessen Gesellschaft entweder lächerlich oder eine Zumutung ist"
(Widmann, 2007, S. 1198, Hervorhebung im Original).

Die Schilderungen von Widmann (2007) zeigen den typischen Ausgrenzungsprozess einzelner SchülerInnen, die Opfer von Mobbing sind. Das Phänomen Mobbing zeichnet sich dadurch aus, dass einzelne SchülerInnen mittels negativer kommunikativer Handlungen über einen längeren Zeitraum hinweg innerhalb der Klasse durch mehrere SchülerInnen systematisch abgewertet werden (vgl. Herrmann & Kuch, 2007, S. 17). Insbesondere weisen Jugendliche und junge Erwachsene eine Kultur des gegenseitigen „Dissens" (engl. disrespect) auf, welche sich in häufigen Beleidigungen äußert, sodass die gegenseitigen verbalen Herabsetzungen bereits eine riskante Ausgangsbedingung für das Auftreten von Mobbing darstellen (vgl. Mögling, Tillmann & Wisniewski, S. 144). Beleidigungen gehören damit zum Alltag der SchülerInnen. In der Schulpraxis gehen mit Beleidigungen auch andere Formen von Gewalthandlungen einher. So tritt bspw. die Beleidigung zusammen mit Hetze, Lästereien oder mit körperlichen Tätlichkeiten auf (vgl. Markert, 2007, S. 307). Die Beleidigungen führen nicht nur zu einer Differenzkonstruktion, indem bspw. Opfer als „Fettsack" bezeichnet werden und damit der Angriffspunkt der körperlichen Verfassung fokussiert wird. Vielmehr geht mit der verbalen Gewalt auch eine thematische Abgrenzung einher. Innerhalb der Beschimpfungen werden Inhalte aufgerufen, die eng an die angesprochene Person gekoppelt und im Ausgrenzungsprozess in besonderer Weise hervorgehoben und als Defizit konstruiert werden. Dabei behandeln Verbalattacken unter SchülerInnen jene Themen, die eine hohe Orientierungsrelevanz für sie haben wie Entwicklung, Reife, Hygiene und Mode. Da im Ausgrenzungsprozess auch Inhalte verhandelt werden, lässt sich ein weiterer sozialer Effekt feststellen. Indem bspw. ein Opfer als „Schlampe" beleidigt wird, wird ihr ein unsauberes Verhalten vorgeworfen. Damit entsteht für Jugendliche die Aufforderung, sich inhaltlich innerhalb des sozialen Raums der Schulklasse zu positionieren. Somit entsteht eine Zugehörigkeit über verbale Gewalt, da MitschülerInnen bspw. in Bezug auf Mode und Hygiene zur Mehrheit der Klasse gehören müssen Darüber hinaus entsteht aber auch das Risiko für die MitschülerInnen, isoliert und zugleich Ziel des gewalthaften Abgrenzungshandelns der anderen zu werden. Somit herrscht ein Handlungszwang sowohl für aktive als auch für passive TäterInnen, die durch das bloße Zuschauen eine aktive Rolle im Mobbingprozess einnehmen (vgl. Markert, 2007, S. 307ff.).

4. Präventionsmaßnahmen gegen Mobbing an beruflichen Schulen

„Mobbing hinterlässt nur selten sichtbare Wunden,

aber nahezu immer blaue Flecken auf der Seele"

(Lehner & Vervoort, 2017, S. 57).

Diese Flecken bzw. Kränkungen können zu traumatischen Schullaufbahnen führen und die Ursache für schulischen Misserfolg sein. Im Bereich der beruflichen Schule zeigen jüngste Studien, dass sich in der Schulzeit der BerufsschülerInnen entscheidet, „ob sich ihr beruflicher Lebensentwurf verwirklichen lässt oder nicht" (Brungs & Schumacher, 2013, S. 27). Die Berufsschule hat u.a. zum Ziel, „eine Berufsfähigkeit zu vermitteln, die Fachkompetenz mit allgemeinen Fähigkeiten humaner und sozialer Art verbindet" (KMK, 1991, S. 2). Demnach hat die Berufsschule nicht nur den Bildungsauftrag, fachliche Kompetenzen zu vermitteln, sondern auch BerufsschülerInnen zu einem verantwortungsbewussten sozialen Miteinander zu befähigen. Insofern gewinnt der Einsatz von wirksamen Präventionsmaßnahmen gegen Mobbing auch an beruflichen Schulen an großer Relevanz. Diese Maßnahmen fallen in erster Linie in die Zuständigkeit der Lehrkräfte, wobei auch das betroffene Kollegium sowie BerufsschulsozialarbeiterInnen und BeratungslehrerInnen in den Mobbingprozess miteingebunden werden können (vgl. Mögling, Tillmann & Wisniewski, 2018, S. 16). Da es sich bei Mobbing um verbale Gewalt als Ausgrenzungsprozess handelt, richten sich die meisten Maßnahmen zur Prävention auch auf die Stärkung sozialer Kompetenzen und damit auf die Verbesserung der Kommunikation innerhalb der Klasse als sozialem Raum (vgl. Großmann, 2006, S. 18). So gibt es eine Vielzahl an Angeboten für den Klassenverband wie die Einführung der Methode des positiven Feedbacks. Das positive Feedback ermöglicht SchülerInnen einen Austausch über Verhaltensweisen, die sie aneinander schätzen. Durch ein friedliches und konstruktives Miteinander im Klassenverband wird ein positives Klassenklima hergestellt, welches auch die Grundvoraussetzung für wirksame Präventionsmaßnahmen darstellt (vgl. ebd.). Um eine Verbesserung des klassenbezogenen sozialen Lernklimas herzustellen, können gruppendynamische Übungen eingesetzt werden. So bieten bspw. individuelle Kurzvorträge von SchülerInnen die Möglichkeit, sich über ein von ihnen ausgewähltes Thema zu unterhalten und dabei einen „Stein ins Rollen" für gemeinsame Gespräche zu bringen. Dadurch kommt es zum einen zur Auflockerung des Klassenverbandes und zum anderen wird das Interesse für bspw. gemeinsame Aktivitäten geweckt (vgl. Mögling, Tillmann & Wisniewski, 2018, S. 82). Insbesondere zur Thematik Cybermobbing können Lehrkräfte Unterrichtseinheiten gestalten, in denen sie Videomaterialien wie den Kurzfilm „Let's fight it together"[1] einbetten, um Jugendliche für die

---

[1] Verfügbar unter: https://www.youtube.com/watch?v=hYrDbGzZVUQ.

Thematik zu sensibilisieren. Dabei ist es Aufgabe der Jugendlichen, sich in die verschiedenen Positionen einzufühlen und die Wahrnehmung von Konfliktsituationen und Gewaltsituationen nachzuvollziehen und zu erklären. Auch gibt es entwickelte Programme, bspw. das Programm „Faustlos", welches für die Sekundarstufe entwickelt wurde. Lehrkräften werden bei der Teilnahme an einer eintägigen Fortbildung Materialien wie Arbeitsblätter, Rollenspielkarten etc. zur Verfügung gestellt und sie werden geschult, wie die Materialien eingesetzt werden sollten. Die Materialien sind derart konzipiert, dass Jugendliche gezielt in den sozial-emotionalen Kompetenzen in den Bereichen Empathie und Umgang mit Ärger und Wut gestärkt werden. Zwar werden alle SchülerInnen einer Klasse einbezogen, dennoch werden insbesondere aggressive SchülerInnen in ihrer Empathiefähigkeit gestärkt (vgl. Mögling, Tillmann & Wisniewski, 2018, S. 63f.).

Zwar sind die hier aufgezeigten Präventionsmaßnahmen keineswegs als vollständig zu betrachten, dennoch machen sie deutlich, dass präventive Maßnahmen in erster Linie auf die Stärkung der sozialen Kompetenzen von SchülerInnen gerichtet sind und die Beziehungen unter den SchülerInnen verbessern sollen. Zudem kann auch festgehalten werden, dass den Lehrkräften verschiedene pädagogische Mittel zur Verfügung stehen, um das Phänomen Mobbing an beruflichen Schulen einzudämmen. Dazu bedarf es allerdings zunächst einer guten Lehrer-Schüler-Beziehung, damit auch ein harmonisches und gutes Klassenklima hergestellt werden kann. Dafür ist ein wertschätzender und respektvoller Umgang miteinander elementar. Erst dann kann das „Wir-Gefühl" in der Klasse aufgebaut und damit verhindert werden, dass einzelne SchülerInnen verbal verletzt und aus der Klassengemeinschaft ausgegrenzt werden. Insofern kommt den LehrerInnen auch eine entscheidende Rolle bei der Umsetzung der präventiven Maßnahmen zu. Sie müssen sich des Themas Mobbing annehmen und damit auch Interesse an den alltäglichen Problemen ihrer SchülerInnen haben. In der vorliegenden Arbeit geht es allerdings auch um ein sprachliches Phänomen im Mobbingprozess, sodass es sich auch lohnt, das Potenzial präventiv wirkender Maßnahmen im Deutschunterricht zu beleuchten.

5. Einbindung des Themas Mobbing in den Deutschunterricht

> „Die Zunge ist schärfer als das Schwert."
> (Arabisches Sprichwort)

Jugendlichen und jungen Erwachsenen kann im Rahmen des Deutschunterrichts verdeutlicht werden, dass der „Zunge" ein überaus verletzendes Potenzial innewohnt. Dies kann im Bereich der Berufsschule für die gymnasiale Oberstufe im Kompetenzbereich „Sprache und Sprachgebrauch reflektieren" erfolgen. Das Hessische Kultusministerium beschreibt diesen Kompetenzbereich folgendermaßen: „sich mit Sprache als System sowie als histo-risch gewordenem Kommunikationsmedium auseinandersetzen (Dies impliziert Aspekte der Sprachphilosophie, der Sprachtheorie, des Sprachwandels und der Gegenwartsspra-che und kann sich auf pragmatische und literarische Texte sowie Medien beziehen" (HKM, o.J, S. 12). So sehen Schlobinski & Tewes (2007) die Fähigkeit der Sprachreflexion im Deutschunterricht als Möglichkeit, verbale Gewalt durch Sprache einzudämmen. Demnach kann die Sprachreflexion dazu beitragen, „dass den SchülerInnen sprachliche Gewalt prin-zipiell bewusst gemacht wird und sie Einsichten in Funktionsmechanismen sprachlicher Gewalt gewinnen" (Schlobinski & Tewes, 2007, S. 8). Dies kann bspw. anhand pädagogisch aufgearbeiteter Liedertexte erfolgen: Unter anderem HipHop-Texte können auf ihr sprach-liches Gewaltpotenzial hin untersucht werden. Somit können SchülerInnen Sprache und Medien als bedeutsam erfahren und ihre Wirkungsweisen einschätzen. Insbesondere für TäterInnen in Mobbingprozessen bietet diese Auseinandersetzung die Möglichkeit, ihre ei-genen Sprachhandlungen kritisch zu überdenken. Die demokratischen Werte und Normen unserer Gesellschaft bzw. die demokratische Schulstruktur, die dabei thematisiert werden, können zur Stärkung der ethischen Kompetenz der SchülerInnen beitragen. Zudem kann auch das Thema Cybermobbing in den Unterricht eingebunden werden und neben der sprachlichen Kompetenz auch die Medienkompetenz gefördert werden. Mit der Einbindung neuer sozialer Medien wie Facebook, Instagram, Twitter usw. können SchülerInnen mittels linguistischer Analysen zum Verständnis sprachlicher Strategien verbaler Ablehnung in neuen sozialen Medien gelangen. Marx und Weidacher (2014, S. 170) sehen in der lingu-istischen Analyse von Cybermobbing eine Möglichkeit für Mobbingopfer, sich emotional vor Verbalattacken schützen zu können und erklären dies folgendermaßen: „[Eine linguistische Analyse] kann nicht verhindern, dass sich das Opfer zutiefst verletzt fühlt, aber sie kann helfen offen zu legen, warum eine Äußerung so bedrohlich, verletzend oder beängstigend wirkt. […] Wenn die Strategien und sprachlichen Mittel die ein Täter anwendet >>enttarnt>> werden können, gelingt es dem Opfer möglicherweise, die sprachliche Gewalttat für sich einzuordnen und zu relativieren" (Marx & Weidacher, 2014, S. 170). Auch diesen Aspekt kann der Deutschunterricht berücksichtigen und im Kompetenzbereich Sprachreflexion ein-binden und SchülerInnen verdeutlichen, dass verbale Gewalt ein Mittel zur Ausübung von Macht ist. Um der Komplexität des Themas Mobbing als verbale Gewalt gerecht werden zu können, bietet sich vor allen Dingen auch eine fächerübergreifende Einbindung des The-mas an. So erscheint es sinnvoll, dass Thema Mobbing als verbale Gewalt sowohl im Deutschunterricht als auch im Politikunterricht bspw. im Zusammenhang mit dem Themen-gebiet Menschenrechtsverletzung zu behandeln. Dies würde auch dazu führen, dass Be-rufsschullehrerInnen sich gegenseitig und kooperativ unterstützen.

6. Fazit

Um die Frage zu beantworten, wie und warum es aus sprachwissenschaftlicher Perspektive zu Mobbing kommt, konnte festgestellt werden, dass nicht nur körperliche Gewalt einen Menschen verletzen kann, sondern auch Sprache als körperloses Zeichensystem als Waffe eingesetzt werden kann, um andere Menschen zu diffamieren. Dies wird insbesondere in sozialen Konflikten und Machtgefällen bemerkbar. Anhand des Ansatzes Gewalt durch Sprache wurde deutlich, dass Sprache über ein Handlungspotenzial verfügt. Dieser perlokutionäre Effekt, so stellte sich heraus, kann nicht nur positiv und wohltuend sein, sondern auch negativ und gewalttätig. Dabei wurde auch ersichtlich, dass die Verletzungsmächtigkeit von Worten in Zusammenhang zwischen Personalität und Sprachlichkeit liegt. Menschen verfügen nicht nur über einen physisch-leiblichen Köper, sondern auch über einen sozial-symbolischen Körper, wobei Letzterer sprachlich konstituiert ist. Verbale Gewalt besitzt die Fähigkeit, eine Veränderung der physischen oder sozialen Position einer Person herbeizuführen und eine Person auf einen randständigen sozialen Ort zu verweisen. So zeigte sich im Mobbingprozess, dass einzelne SchülerInnen aus dem Klassenverband ausgegrenzt werden. Dabei können die Ausgrenzungsgründe verschieden sein, ein Beispiel ist die Abweichung vom Körperidealbild. Die intendierte gewaltreiche Sprechhandlung, also die Beschimpfung, zeigt, dass beleidigende Worte auf die Mitwirkung des Opfers angewiesen sind, um das Mobbingopfer auch zu treffen bzw. zu verletzen. Dies lässt sich als Problematik des Phänomens Mobbing aus sprachwissenschaftlicher Perspektive festhalten, insofern auch Beleidigungen nur schwer zu erkennen sind. Mit dem Phänomen Mobbing als verbale Gewalt geht allerdings eine weitere Problematik einher. Insbesondere im Bereich der beruflichen Schulen ist eine alterstypische Kultur des „Dissens" erkennbar und stellt Lehrkräfte somit vor eine große Herausforderung, wenn es um die Frage geht, inwieweit das „Dissen" ernst zu nehmen ist. Deshalb wurde in der vorliegenden Hausarbeit einer zweiten Forschungsfrage nachgegangen. Das Ziel war es zu untersuchen, welche pädagogischen Mittel in der Berufsschule eingesetzt werden und einsetzbar sind, um Mobbingprozesse zu verhindern. Dabei wurde ersichtlich, dass das Ziel präventiver Maßnahmen hinsichtlich des Mobbings in erster Linie auf die Stärkung des „Wir-Gefühls" innerhalb der Klasse ausgerichtet ist. Mit der Einbindung des Themas Mobbing in den Deutschunterricht wurde eine Alternative aufgezeigt, BerufsschülerInnen zum Thema verbale Gewalt im Unterricht zu sensibilisieren. Angesichts der Komplexität des Phänomens Mobbing erscheint es sinnvoll, nicht nur das Gemeinschaftsgefühl innerhalb des Klassenverbandes zu stärken, sondern im Sprachunterricht auch Strategien verbaler Gewalt offenzulegen und eine Möglichkeit der Selbstreflexion sowohl für die Opfer als auch für TäterInnen zu bieten.

Die verbale Gewalt unter BerufsschülerInnen stellt für Lehrkräfte ein tagtägliches Problem dar. Deshalb müssen sie im Berufsschulalltag häufig abwägen, inwieweit das „Dissen" ernst zu nehmen ist und ob sie weitere Maßnahmen ergreifen müssen. Meiner Meinung nach zeigt sich hier die Bedeutung der Teilnahme an Fortbildungen zum Thema. Insbesondere BerufsschullehrerInnen müssen sich mit dem Phänomen Mobbing auseinandersetzen, um tagtäglich richtige Entscheidungen und Gegenmaßnahmen zu treffen. Es gibt eine Vielzahl an Fortbildungen und Workshops, an denen LehrerInnen teilnehmen können. Bspw. ist eine speziell für LehrerInnen zugeschnittene Fortbildung das ANTI-Gewalt-Konzept von POL-TRAIN. LehrerInnen werden nicht nur über Erscheinungsformen und Wirkungen von Mobbing aufgeklärt, sondern erhalten auch konkrete Informationen über wirkungsvolle Maßnahmen zur Umsetzung in der Klasse sowie Anlaufstellen, an die sie sich wenden können (vgl. Mögling, Tillmann & Wisniewski, 2008, S. 57). Insofern erscheint es problematisch, dass viele Mobbingopfer zwar Unterstützung wünschen, aber keine Anlaufstellen kennen (vgl. Brungs & Schumacher, 2013, S. 28). Dies lässt darauf schließen, dass das Thema Mobbing nur unzureichend Eingang in den schulischen Bereich gefunden hat. Kritisch ist außerdem zu hinterfragen, wie sich die Sprache der Lehrkräfte im Schulalltag äußert. Denn obwohl Lehrkräfte als Vorbilder fungieren, schleicht sich auch in ihrem eigenen Sprachgebrauch unbewusst Gewalt ein, wenn sie bspw. schimpfen und bewusst oder unbewusst SchülerInnen herabsetzen. Dies kann nicht nur für den Einzelnen Konsequenzen nach sich ziehen, vielmehr kann dies die ohnehin bestehende Kultur der verbalen Gewalt unter SchülerInnen bestärken. Deshalb müssen nicht nur BerufsschülerInnen in ihren sozialen Kompetenzen gestärkt werden. Auch Lehrkräfte müssen ihr sozial kompetentes Verhalten und ihren Sprachgebrauch stets reflektieren, um einen eigenen Beitrag zur eigenen Mobbingprävention zu leisten. Insbesondere die berufsschulischen Besonderheiten der ständigen Neukonstellation der Klassen bieten m.E. ein großes Potenzial für wirksame Präventionsarbeit. Insbesondere die in der vorliegenden Arbeit beleuchteten Präventionsmöglichkeiten können eingesetzt werden und bereits zu Beginn der Berufsschulzeit eine Chance darstellen. Aber erst wenn Lehrkräfte gewillt sind, Mobbing-Handlungen wahrzunehmen, können seelische und körperliche Verletzungen von SchülerInnen verhindert werden. Daher müssen sie sich dessen bewusst werden, dass „Mobbing […] weit mehr als eine oberflächliche Schlagzeile [ist]. Es ist eine nie enden wollende Qual. Es ist Ohnmacht, es ist Verzweiflung und Scham. Es ist Aussichtslosigkeit und es ist auch Tod" (Lehner & Vervoort, 2017, S. 6).

II. Literaturverzeichnis

Austin, J. L. (1979). Zur Theorie der Sprechakte. How to do things with Words. Stuttgart: Philipp Reclam.

Brungs, M. & Schumacher, T. (2013). Mobbing in Berufsschulen. In: Soziale Arbeit. 62. Jahrgang, Heft 1, S. 25-29.

Cicek, A., Heinemann, A. & Mecheril, P. (o.J.). Warum Rede, die direkt oder indirekt rassistische Unterscheidungen aufruft, verletzen kann. Verfügbar unter: http://www.menschenrechte-koeln.de/images/stories/uploads/2014/Berichte/April/artikel%20mecheril.pdf [Zugriff am 15. Februar 2020].

Graumann, C.-F. & Wintermantel, M. (2007) Diskriminierende Sprechakte. Ein funktionaler Ansatz. In: Herrmann, S.K.; Krämer, S. & Kuch, H. (Hrsg.). *Verletzende Worte. Die Grammatik sprachlicher Missachtung* (S. 147-178). Bielefeld: Transcript.

Großmann, Ch. (2006). Mobbing unter Schülerinnen und Schülern. Verfügbar unter: https://bildungsserver.hamburg.de/content-blob/2464840/4015f2a9e2203939c92e6c42a3f077ee/data/impulse-mobbing-unter-schuelerinnen-und-schuelern.pdf [Zugriff am 7. Januar 2020].

Herrmann, S. K. & Kuch, H. (2007). Verletzende Worte. Eine Einleitung. In: Herrmann, S.K.; Krämer, S. & Kuch, H. (Hrsg.). *Verletzende Worte. Die Grammatik sprachlicher Missachtung* (S. 7-30). Bielefeld: Transcript.

HKM (o.J.). Kerncurriculum gymnasiale Oberstufe. Verfügbar unter: https://kultusministerium.hessen.de/sites/default/files/media/kcgo-d.pdf [Zugriff am 28.Februar2020].

Hundsnurscher, F. (1997). Streitspezifische Sprechakte: Vorwerfen, Insistieren, Beschimpfen. In: Preyer, G., Ulkan M., Ulfig, A. (Hrsg.). *Intention – Bedeutung – Kommunikation. Kognitive und handlungstheoretische Grundlagen der Sprachtheorie* (S. 363-375). Darmstadt: Opladen.

Kessler, D. & Strohmeier, D. (2009). Gewaltprävention an Schulen. Persönlichkeitsbildung und soziales Lernen. Verfügbar unter: https://wohlfuehlzone-schule.at/sites/wohlfuehlzone-schule.at/files/2019-10/Onlineversion_Gewaltpraevention.pdf [Zugriff am 7. Januar2020].

KMK (1991). Rahmenvereinbarung über die Berufsschule. Beschluss der Kultusministerkonferenz vom 15.03.1991. Verfügbar unter: https://www.kmk.org/fileadmin/Dateien/pdf/Presse-UndAktuelles/Beschluesse_Veroeffentlichungen/rvbs91-03-15.pdf [Zugriff am 7. Januar 2020].

Kopperschmidt, J. (1998). Zwischen „Zauber des Wortes" und „Wort als Waffe". Versuch, über die „Macht des Wortes" zu reden. In: *Osnabrücker Beiträge zur Sprachtheorie, Heft 57: Sprache und/oder Gewalt* (S. 13-30).

König, E. & Stathi, K. (2010). Gewalt durch Sprache: Grundlagen und Manifestationen. In: Krämer, S. & Koch, E. (Hrsg.). *Gewalt in der Sprache. Rhetorik verletzenden Sprechens* (S. 45-60). München: Wilhelm Fink.

Krämer, S. (2007). Sprache als Gewalt oder: Warum verletzen Worte? In: Herrmann, S. K.; Krämer, S. & Kuch, H. (Hrsg.). *Verletzende Worte. Die Grammatik sprachlicher Missachtung* (S. 31-48). Bielefeld: Transcript.

Kuch, H. & Herrmann, S. K. (2007). Symbolische Verletzbarkeit und sprachliche Gewalt. In: Herrmann, S. K.; Krämer, S. & Kuch, H. (Hrsg.). *Verletzende Worte. Die Grammatik sprachlicher Missachtung* (S. 179-210). Bielefeld: Transcript.

Lehner, H. & Vervoort, D. (2017). *Das Interventionsbuch: Mobbing an Schulen stoppen.* (1. Aufl.) Weinheim: Beltz.

Markert, T. (2007). Zur Praxis verbaler Gewalt unter Schülerinnen und Schülern. In: Herrmann, S. K.; Krämer, S. & Kuch, H. (Hrsg.). *Verletzende Worte. Die Grammatik sprachlicher Missachtung* (S. 295-310). Bielefeld: Transcript.

Marx, K. & Weidacher, G. (2014). Internetlinguistik – Ein Lehr- und Arbeitsbuch. Tübingen: Narr Francke Attempto.

Mehl, S. (2020). Was sind die Folgen von Mobbing? In: Böhmer, M. & Steffgen, G. (Hrsg.). *Mobbing an Schulen. Maßnahmen zur Prävention, Intervention und Nachsorge* (S. 113-129). Wiesbaden: Springer.

Mögling, T., Tillmann, F. & Wisniewski, A. (2018). Mobbing an beruflichen Schulen. Ein Praxishandbuch zu Präventions- und Interventionsansätzen. (1. Aufl.). Weinheim: Beltz.

Schubarth, W. (2019). Gewalt und Mobbing an Schulen: Möglichkeiten der Prävention und Intervention. (3. Akt. Aufl.). Stuttgart: W. Kohlhammer.

Widmann, J. (2007). Bekenntnis. In: *Erziehungskunst, Heft 11* (S. 1197-1200).